Astrid And The Polar Bear's Secret: And Other Bilingual Norwegian-English Stories for Kids

Pomme Bilingual

Published by Pomme Bilingual, 2024.

While every precaution has been taken in the preparation of this book, the publisher assumes no responsibility for errors or omissions, or for damages resulting from the use of the information contained herein.

ASTRID AND THE POLAR BEAR'S SECRET: AND OTHER BILINGUAL NORWEGIAN-ENGLISH STORIES FOR KIDS

First edition. September 28, 2024.

Copyright © 2024 Pomme Bilingual.

ISBN: 979-8227428240

Written by Pomme Bilingual.

Table of Contents

Den Store Elgen

———

I de fjerne, frostige hjørnene av Norge, hvor luften er klar, skogene er dype, og fjordene glitrer som sølv, bodde det en gutt ved navn Lars. Lars var ti år gammel, med en bustete, blond mane som aldri helt oppførte seg, og øyne så blå som de iskalde innsjøene nær landsbyen hans. Han var kjent for to ting: sin ville fantasi og sin umettelige nysgjerrighet.

Lars bodde i en liten tømmerhytte med sin bestemor, Mormor, som var den beste historiefortelleren i hele Norge. Hver kveld, ved det knitrende bålet, vevde Mormor fortellinger om troll, kjemper og modige vikingkrigere som en gang vandret i landet. Men det var én historie som fascinert Lars mer enn noen annen—historien om Den Store Elgen.

Den Store Elgen, som Mormor fortalte, var ikke et vanlig dyr. Han var en legende, så høy som de høyeste trærne, med gevir som så ut til å berøre himmelen. Det ble sagt at Den Store Elgen vandret i de dypeste skogene og bare viste seg for dem som virkelig var verdige. Ingen i landsbyen hadde sett ham på mange år, men de trodde alle at han var der ute, et sted, skjult i den enorme villmarken.

En kald høstmorgen, da den første snøen begynte å drysse på bakken, bestemte Lars seg for at han skulle finne Den Store Elgen. Han pakket en liten ryggsekk med noen smørbrød, en termos med varm sjokolade, og sitt trofaste kompass. Han fortalte Mormor om planen sin, og forventet at hun ville si det var umulig, men i stedet smilte hun bare med et vetende smil og sa: "Lykke til, kjære Lars. Husk, Den Store Elgen velger hvem som ser ham."

Med det satte Lars av sted inn i skogen. Trærne sto høye og stolte, med greiner tunge av snø. Luften var stille, bortsett fra knase lyden av Lars' støvler mot bakken. Jo dypere han gikk inn i skogen, desto mer magisk ble verden rundt ham. Snøfnuggene danset i luften, og lyset filtrerte gjennom trærne, og kastet et gyllent skjær over alt det berørte.

Lars fulgte sporene etter forskjellige dyr, i håp om at ett av dem ville lede ham til Den Store Elgen. Han så de delikate sporene etter kaniner, de brede sporene etter bjørner, og de små merkene etter ekorn. Men ingen av dem virket riktige. Den Store Elgen ville ha spor som var mye større, tenkte Lars.

Etter hvert som dagen gikk, begynte Lars å tvile på oppdraget sitt. Skogen var endeløs, og Den Store Elgen virket mer som en drøm enn noensinne. Han fant en stor stein å sitte på og trakk ut termosen med varm sjokolade. Mens han sippet, spredte varmen seg gjennom kroppen hans og ga ham litt mer mot.

Akkurat da han var i ferd med å snu tilbake, hørte han det—en dyp, resonant lyd som ekkoet gjennom trærne. Lars' hjerte hoppet et slag. Det var ropet til Den Store Elgen! Han spratt opp, stappet termosen tilbake i ryggsekken, og fulgte lyden.

Rope førte ham til en lysning, badet i det myke lyset fra den synkende solen. Og der, stående høyt og majestetisk, var Den Store Elgen. Pelsen hans var så hvit som snø, og geviret hans var enormt og kronet med frost. Han så på Lars med kloke, milde øyne som syntes å holde alle skogens hemmeligheter.

I et øyeblikk sto tiden stille. Lars kunne ikke røre seg, kunne ikke snakke. Han var i ærefrykt over den storslåtte skapningen foran seg. Den Store Elgen nikket sakte, som om han anerkjente Lars' mot og besluttsomhet, før han snudde seg og forsvant inn i skogen, like stille som han var kommet.

Lars stod i lysningen i lang tid, mens han gjentok øyeblikket i tankene sine. Han hadde funnet Den Store Elgen, eller kanskje hadde Den Store Elgen funnet ham. Uansett, visste Lars at dette var en historie han ville fortelle resten av livet sitt.

Da stjernene begynte å glitre på himmelen, begynte Lars å gå tilbake til landsbyen. Mormor ventet på ham ved bålet, med et vetende smil i ansiktet.

"Fant du ham?" spurte hun.

Lars nikket, med øynene som lyste av spenning. "Det gjorde jeg, Mormor. Han var enda mer fantastisk enn jeg hadde forestilt meg."

Mormor lo og trakk Lars inn i en varm klem. "Den Store Elgen har valgt deg, Lars. Du er en del av legenden nå."

Og fra den dagen av ble Lars kjent som gutten som så Den Store Elgen. Landsbyboerne ba ofte ham om å fortelle historien, og hver gang smilte Lars, mens han minnet seg om de kloke øynene til Den Store Elgen og det magiske eventyret som hadde ført ham dypt inn i hjertet av Norges ville og underfulle skog.

The Great Moose

In the far, frosty reaches of Norway, where the air is crisp, the forests are deep, and the fjords sparkle like silver, there lived a boy named Lars. Lars was ten years old, with a mop of blonde hair that never quite behaved, and eyes as blue as the icy lakes near his village. He was known for two things: his wild imagination and his insatiable curiosity.

Lars lived in a small wooden cabin with his grandmother, Mormor, who was the best storyteller in the whole of Norway. Every night, by the crackling fire, Mormor would weave tales of trolls, giants, and brave Viking warriors who once roamed the land. But there was one story that intrigued Lars more than any other—the story of the Great Moose.

The Great Moose, as Mormor told it, was no ordinary animal. He was a creature of legend, standing as tall as the tallest trees, with antlers that seemed to touch the sky. It was said that the Great Moose roamed the deepest forests, appearing only to those who were truly worthy. No one in the village had seen him in years, but they all believed he was out there, somewhere, hidden in the vast wilderness.

One chilly autumn morning, when the first snows began to dust the ground, Lars decided that he was going to find the Great Moose. He packed a small rucksack with some sandwiches, a flask of hot chocolate, and his trusty compass. He told Mormor of his plan, expecting her to tell him it was impossible, but instead, she just smiled a knowing smile and said, "Good luck, my dear Lars. Remember, the Great Moose chooses who sees him."

With that, Lars set off into the forest. The trees stood tall and proud, their branches heavy with snow. The air was silent except for the crunch of Lars' boots on the ground. As he walked deeper into the forest, the world around him became more magical. The snowflakes danced in the air, and the light filtered through the trees, casting a golden glow on everything it touched.

Lars followed the tracks of different animals, hoping one would lead him to the Great Moose. He saw the delicate prints of rabbits, the broad tracks of bears, and the tiny marks left by squirrels. But none of them seemed right. The Great Moose would have tracks much larger, Lars thought.

As the day wore on, Lars began to doubt his quest. The forest was endless, and the Great Moose seemed more like a dream than ever before. He found a large rock to sit on and pulled out his flask of hot chocolate. As he sipped, the warmth spread through his body, giving him a little more courage.

Just as he was about to turn back, he heard it—a deep, resonant sound that echoed through the trees. Lars' heart skipped a beat. It was the call of the Great Moose! He leaped up, stuffing the flask back into his rucksack, and followed the sound.

The call led him to a clearing, bathed in the soft light of the setting sun. And there, standing tall and majestic, was the Great Moose. His fur was as white as the snow, his antlers massive and crowned with frost. He looked at Lars with wise, gentle eyes that seemed to hold all the secrets of the forest.

For a moment, time stood still. Lars couldn't move, couldn't speak. He was in awe of the magnificent creature before him. The Great Moose gave a slow nod, as if acknowledging Lars' bravery and determination, then turned and disappeared into the forest, as silently as he had come.

Lars stood in the clearing for a long time, replaying the moment in his mind. He had found the Great Moose, or perhaps the Great Moose had found him. Either way, Lars knew this was a story he would tell for the rest of his life.

As the stars began to twinkle in the sky, Lars made his way back to the village. Mormor was waiting for him by the fire, a knowing smile on her face.

"Did you find him?" she asked.

Lars nodded, his eyes shining with excitement. "I did, Mormor. He was even more incredible than I imagined."

Mormor chuckled and pulled Lars into a warm hug. "The Great Moose has chosen you, Lars. You're a part of the legend now."

And from that day on, Lars became known as the boy who saw the Great Moose. The villagers would often ask him to tell the tale, and each time, Lars would smile, remembering the wise eyes of the Great Moose, and the magical adventure that had led him deep into the heart of Norway's wild and wondrous forest.

Lena og Mysteriet med Midnattssolen

I en liten landsby som lå mellom fjordene og fjellene i Norge, bodde det en jente som het Lena. Lena var en nysgjerrig tolvåring med lange, mørke fletter og en ånd like vill som de norske vindene. Hun bodde med sin far, som var fyrvokter i landsbyen. Hjemmet deres var en koselig liten hytte plassert høyt oppe på en klippe, med en utsikt som strakte seg over det endeløse havet.

Norge er et land med underverker, men det var én tid på året som Lena elsket mest: sesongen for Midnattssolen. I noen magiske uker hver sommer gikk solen aldri ned. Himmelen forble lys, selv midt på natten, og malte verden i mykt, gyllent lys. Det var i løpet av denne tiden at Lenas fantasi fikk fritt spillerom, for Midnattssolen sies å bringe med seg alle slags merkelige og fantastiske hendelser.

En kveld, mens Midnattssolen svevde lavt på himmelen, la Lena merke til noe spesielt. Fra soveromsvinduet så hun et glimt av bevegelse ved kanten av skogen som grense mot landsbyen. Det var et raskt blaff, som en skygge som stakk mellom trærne. Nysgjerrig tok Lena på seg sin favoritt røde jakke, tok på seg støvlene, og listet seg ut av huset.

Da hun nærmet seg skogen, følte Lena en kriblende spenning. Luften var kjølig og frisk, og bar duften av furu og villblomster. Hun fulgte en smal sti som slynget seg gjennom trærne, med blikket rettet mot undervegetasjonen på utkikk etter tegn på den mystiske skikkelsen. Plutselig hørte hun et rasle, og ut av buskene trådte en skapning ulik noen hun noen gang hadde sett.

Det var en rev, men ikke bare en hvilken som helst rev. Denne var sølvfarget, med pels som glimret som månelys. Øynene var lyseblå, glødende med et overjordisk lys. Reven stirret på Lena, som om den prøvde å avgjøre om hun var venn eller fiende. Lena, som ikke var redd for eventyr, kneppet seg ned og strakte ut hånden.

"Hei der," hvisket hun, stemmen hennes var myk og vennlig.

Reven vippe hodet, og til Lenas overraskelse, begynte den å snakke.

"Hei, unge venn," sa reven med en jevn og melodisk stemme. "Jeg er Silfr, Vakten av Midnattssolen."

Lenas øyne ble store av undring. Hun hadde hørt historier om Vakten, men hun hadde aldri forestilt seg at hun ville møte ham. Fortellingene beskrev Silfr som en beskytter av landet, som sørget for at Midnattssolens magi forble sterk.

"Jeg har fulgt med på deg, Lena," fortsatte Silfr. "Du har et modig hjerte, og jeg trenger din hjelp."

"Jeg?" utbrøt Lena. "Hvordan kan jeg hjelpe?"

Silfrs øyne glinset. "Midnattssolen er i fare. En rampete troll ved navn Skog har stjålet Solens Hjerte, en magisk edelsten som holder den skinende gjennom natten. Uten den vil Midnattssolen falme, og mørket vil dekke landet."

Lenas hjerte raste. Tanken på Norge uten sitt magiske sommerlys var utenkelig. Hun visste at hun måtte hjelpe, uansett hvor skremmende oppgaven var.

"Hvor er Skog?" spurte Lena, med beslutsomhet i stemmen.

Silfr peket med nesen mot det høyeste fjellet i det fjerne. "Han skjuler seg i en hule på toppen av Glimt-fjellet. Men vær forsiktig, reisen er farlig, og Skog er en trickster. Du må være kløktig og modig."

Uten å nøle, godtok Lena oppdraget. Silfr ledet an, og guidet henne gjennom skogen og over fjordene. Reisen var lang og utfordrende, men Lena fortsatte, og hennes besluttsomhet ble sterkere for hvert skritt.

Da de nærmet seg Glimt-fjellet, ble luften kaldere, og stien brattere. Lena kunne se inngangen til hulen, et mørkt hull i fjellveggen. Hun tok et dypt pust og gikk inn, med Silfr tett ved hennes side.

Inne i hulen var det svakt opplyst av gløden fra krystaller som var innebygd i veggene. Luften var tykk av lukten av fuktig jord. Og der, i midten av hulen, satt Skog. Han var et lite, rufsete troll med villt hår og et rampete smil. I de skitne hendene hans holdt han Solens Hjerte, en edelsten som pulserte med et varmt, gyllent lys.

Lena trådte frem, stemmen hennes var rolig. "Skog, du må returnere Solens Hjerte. Uten det vil Midnattssolen dø."

Skog lo, stemmen hans var hes. "Hvorfor skulle jeg? Denne edelstenen er så vakker, og den er min nå!"

Lena tenkte raskt. Hun visste at hun måtte overmanne trollet. Så fikk hun en idé.

"Skog," sa hun, med en lett og lekende tone, "jeg vedder på at du ikke vet hva denne edelstenen virkelig kan gjøre. Den er ikke bare vakker—den kan oppfylle ønsker. Men bare for de som vet hvordan de skal bruke den."

Trollens øyne ble store av grådighet. "Ønsker? Jeg vil ha ønsker! Fortell meg hvordan!"

Lena smilte. "For å låse opp kraften, må du kaste den høyt opp i luften og rope ønsket ditt så høyt du kan."

Skog, ivrig etter å prøve, gjorde akkurat som Lena sa. Han kastet edelstenen høyt opp i luften og begynte å rope, men så snart Solens Hjerte forlot hendene hans, kastet Silfr seg frem og fanget den i kjeven sin.

"Nei!" klaget Skog, da han innså at han hadde blitt lurt.

Men det var for sent. Solens Hjerte lyste sterkere enn noensinne, og fylte hulen med gyllent lys. Silfr sprang ut av hulen, og Lena fulgte etter. Da de kom ut i åpenheten, spredte lyset fra Solens Hjerte seg over himmelen, og gjenopplivet Midnattssolen.

Landsbyen og det omkringliggende landet ble badet i dets varme, evige lys igjen. Skog, mumlende og beseiret, trakk seg tilbake til dypet av hulen sin, aldri mer å bli sett.

Tilbake i landsbyen sto Lena og Silfr på toppen av klippen, og så på hvordan Midnattssolen malte havet med gyldne nyanser.

"Du gjorde det, Lena," sa Silfr, stemmen hans var full av stolthet. "Du reddet Midnattssolen."

Lena smilte, hjertet hennes svulmet av stolthet og glede. "Vi gjorde det sammen, Silfr."

Med et siste nikk, forsvant Silfr, den sølvfargede reven, inn i skogen, og etterlot Lena til å returnere hjem som en helt. Historien om Lena og Midnattssolen spredte seg over hele Norge, og ble en legende i seg selv.

Og hvert år, når Midnattssolen kom tilbake, sto Lena på klippen og husket eventyret som hadde forandret livet hennes for alltid.

Lena and the Mystery of the Midnight Sun

In a tiny village nestled between the fjords and mountains of Norway, there lived a girl named Lena. Lena was a curious twelve-year-old with long, dark braids and a spirit as wild as the Norwegian winds. She lived with her father, who was the village's lighthouse keeper. Their home was a cozy little cottage perched high on a cliff, with a view that stretched across the endless sea.

Now, Norway is a land of wonders, but there was one time of year that Lena loved most: the season of the Midnight Sun. For a few magical weeks every summer, the sun never set. The sky would stay bright, even in the middle of the night, painting the world in soft, golden light. It was during this time that Lena's imagination would run wild, for the Midnight Sun was said to bring all sorts of strange and wonderful happenings.

One evening, as the Midnight Sun hovered low in the sky, Lena noticed something peculiar. From her bedroom window, she saw a flicker of movement near the edge of the forest that bordered the village. It was a quick flash, like a shadow darting between the trees. Curious, Lena grabbed her favorite red jacket, slipped on her boots, and tiptoed out of the house.

As she approached the forest, Lena felt a tingle of excitement. The air was cool and fresh, carrying the scent of pine and wildflowers. She followed a narrow path that wound through the trees, her eyes scanning the underbrush for any sign of the mysterious figure. Suddenly, she heard a rustle, and out of the bushes stepped a creature unlike any she had ever seen.

It was a fox, but not just any fox. This one was silver, with fur that shimmered like moonlight. Its eyes were bright blue, glowing with an otherworldly light. The fox stared at Lena, as if trying to decide if she was friend or foe. Lena, not one to shy away from adventure, knelt down slowly and extended her hand.

"Hello there," she whispered, her voice soft and kind.

The fox tilted its head, then, to Lena's surprise, it spoke.

"Hello, young one," the fox said, its voice smooth and melodic. "I am Silfr, the Guardian of the Midnight Sun."

Lena's eyes widened in amazement. She had heard stories about the Guardian, but she never imagined she would meet him. The tales spoke of Silfr as a protector of the land, ensuring that the Midnight Sun's magic remained strong.

"I've been watching you, Lena," Silfr continued. "You have a brave heart, and I need your help."

"Me?" Lena gasped. "How can I help?"

Silfr's eyes gleamed. "The Midnight Sun is in danger. A mischievous troll named Skog has stolen the Sun's Heart, a magical gem that keeps it shining through the night. Without it, the Midnight Sun will fade, and darkness will cover the land."

Lena's heart raced. The thought of Norway without its magical summer light was unthinkable. She knew she had to help, no matter how daunting the task.

"Where is Skog?" Lena asked, determination in her voice.

Silfr pointed his nose toward the tallest mountain in the distance. "He hides in a cave at the peak of Mount Glimt. But beware, the journey is perilous, and Skog is a trickster. You must be clever and brave."

Without hesitation, Lena agreed to the quest. Silfr led the way, guiding her through the forest and across the fjords. The journey was long and challenging, but Lena pressed on, her resolve growing stronger with each step.

As they neared Mount Glimt, the air grew colder, and the path steeper. Lena could see the entrance to the cave, a dark hole in the side of the mountain. She took a deep breath and entered, Silfr close by her side.

Inside, the cave was dimly lit by the glow of crystals embedded in the walls. The air was thick with the smell of damp earth. And there, in the center of the cave, sat Skog. He was a small, scruffy troll with wild hair and a mischievous grin. In his grubby hands, he held the Sun's Heart, a gem that pulsed with a warm, golden light.

Lena stepped forward, her voice steady. "Skog, you must return the Sun's Heart. Without it, the Midnight Sun will die."

Skog chuckled, his voice raspy. "Why should I? This gem is so pretty, and it's mine now!"

Lena thought quickly. She knew she had to outsmart the troll. Then, an idea sparked in her mind.

"Skog," she said, her tone light and playful, "I bet you don't know what this gem can really do. It's not just pretty—it can grant wishes. But only to those who know how to use it."

The troll's eyes widened with greed. "Wishes? I want wishes! Tell me how!"

Lena smiled. "To unlock its power, you must throw it high into the air and shout your wish at the top of your lungs."

Skog, eager to try, did exactly as Lena said. He tossed the gem high into the air and began to shout, but as soon as the Sun's Heart left his hands, Silfr leaped forward, catching it in his jaws.

"No!" Skog wailed, realizing he had been tricked.

But it was too late. The Sun's Heart glowed brighter than ever, filling the cave with golden light. Silfr dashed out of the cave, and Lena followed. As they emerged into the open, the light of the Sun's Heart spread across the sky, reigniting the Midnight Sun.

The village and the surrounding land were bathed in its warm, eternal glow once more. Skog, grumbling and defeated, retreated into the depths of his cave, never to be seen again.

Back in the village, Lena and Silfr stood atop the cliff, watching as the Midnight Sun painted the sea with golden hues.

"You did it, Lena," Silfr said, his voice full of pride. "You saved the Midnight Sun."

Lena smiled, her heart swelling with pride and joy. "We did it together, Silfr."

With a final nod, Silfr, the silver fox, disappeared into the forest, leaving Lena to return home as a hero. The story of Lena and the Midnight Sun spread throughout Norway, becoming a legend in its own right.

And every year, when the Midnight Sun returned, Lena would stand on the cliff and remember the adventure that had changed her life forever.

Olaf og Trollet som Stjal Julen

I den lille landsbyen Snøvik, som ligger dypt inne i de snødekte fjellene i Norge, var julen den mest magiske tiden på året. Landsbyboerne pyntet hjemmene sine med blinkende lys, bakte pepperkaker formet som reinsdyr, og samlet seg rundt det enorme juletreet på torget. Men ingen elsket julen mer enn en gutt ved navn Olaf.

Olaf var åtte år gammel, med rosige kinder, en ullhatt som alltid var for stor for hodet hans, og et hjerte fullt av juleglede. Han bodde sammen med foreldrene i en koselig tømmerhytte ved kanten av landsbyen, hvor de tilbrakte de kalde vinterkveldene med å nyte varm sjokolade foran peisen og fortelle historier om julefeiringer fra gamle dager.

Men i år skjedde det noe merkelig i Snøvik. Mens landsbyboerne forberedte seg til den store dagen, begynte dekorasjonene å forsvinne. Først var det en lyslenke fra fru Anderssons vindu. Så var det stjernen fra toppen av juletreet. Til og med pepperkakene som ble lagt ut på dørstokkene forsvant, og etterlot seg bare noen få smuler. Landsbyboerne var forvirret, og snart spredte det seg hvisking om en jultjuv gjennom byen.

Olaf, som elsket et godt mysterium nesten like mye som han elsket julen, bestemte seg for å løse saken. Bevæpnet med et forstørrelsesglass (som han hadde lånt fra pappas verktøykasse) og en notatblokk, la Olaf ut for å etterforske.

Han startet med fru Anderssons hus, hvor de manglende lysene først ble oppdaget. Olaf kikket gjennom snøen på jakt etter spor. Og der var det—et spor av små fotavtrykk som ledet bort fra vinduet og inn i skogen.

Olafs hjerte banket raskt. "Aha!" hvisket han til seg selv. "Tyven må gjemme seg i skogen."

Uten et øyeblikks nøling fulgte Olaf fotavtrykkene, som snodde seg mellom trærne og oppover fjellet. Skogen var tett og mørk, men Olafs spenning holdt ham varm mens han tråkket gjennom snøen. Han kjente skogen godt, etter å ha tilbrakt mange dager med å leke blant trærne og late som han var en oppdagelsesreisende.

Etter hvert som han klatret høyere, ble fotavtrykkene større og dypere. De var ikke menneskelige fotavtrykk i det hele tatt—de var noe mye større. Olaf svelget. Kunne det være et troll?

Landsbyboerne i Snøvik fortalte ofte historier om troll som bodde i fjellene, skapninger med store, runde neser og en kjærlighet for rampestreker. Men Olaf hadde aldri sett et selv. Likevel fortsatte han, fast bestemt på å fange tyven og redde julen.

Fotavtrykkene førte Olaf til en stor, mosebelagt hule. Inne kunne han se et svakt skjær, som glimtet av julelys. Han tok et dypt pust og gikk på tå inn i hulen.

Det Olaf så neste fikk kjeven hans til å falle. Inne i hulen, omringet av hauger av juledekorasjoner, satt det største trollet han noen gang hadde forestilt seg. Trollet var nesten dobbelt så stort som en voksen mann, med rufsete hår, en bulende nese og et par øyne som glødet som glør. Men det som overrasket Olaf mest, var at trollet ikke bare stjal dekorasjonene—han prøvde å feire jul!

Trollet hadde hengt opp de stjålne lysene rundt i hulen, selv om de var sammenfiltret og blinket. Han hadde stablet de stjålne pepperkakene på en stein, selv om de var smuldret og knust. Og han hadde festet stjernen fra landsbytreet på toppen av en furukongle, hvor den vaggte ustøtt.

Trollet snudde seg og fikk øye på Olaf. Han slapp ut et dypt, rumlende sukk. "Jeg ville bare ha en jul for meg selv," sa trollet med en stemme som rumlet som fjern torden. "Men jeg er ikke god på det. Alt faller fra hverandre."

Olafs frykt smeltet bort da han innså at trollet ikke var slem eller grådig—han var ensom. Trollet hadde hørt landsbyboerne synge og le på julen og ønsket å bli med, men han visste ikke hvordan.

Olaf smilte og steg frem. "Jeg kan hjelpe deg," sa han. "Vi kan feire jul sammen."

Trollets øyne ble store av overraskelse. "Vil du gjøre det? Selv etter at jeg tok alle tingene dine?"

Olaf nikket. "Julen handler om å dele og være sammen med venner. Hvis du gir tilbake det du tok, kan vi lage jul for alle—til og med deg."

Med Olafs hjelp samlet trollet forsiktig opp dekorasjonene, pepperkakene og stjernen. Sammen bar de alt ned fjellet til landsbyen.

Landsbyboerne var forbauset over å se Olaf komme tilbake med trollet, men da de hørte historien, ble frykten deres til forståelse. De tok imot trollet i landsbyen, hvor alle jobbet sammen for å sette julen i orden igjen.

Lysene ble løst opp og hengt opp igjen, lysere enn noen gang. Stjernen ble plassert tilbake på toppen av det enorme treet, hvor den skinte stolt. Og trollet, som aldri hadde smakt pepperkake før, fant seg selv med en mage full av småkaker og et hjerte fullt av varme.

Den julaften, da landsbyboerne samlet seg rundt treet for å synge julesanger, sto trollet ved siden av Olaf, med øynene skinte av lykke. For første gang følte trollet at han hørte til.

Fra den dagen ble trollet en venn for alle i Snøvik. Og hver jul hjalp han Olaf og landsbyboerne med å pynte treet, bake småkaker og feire den mest magiske tiden på året.

Og slik ble den lille landsbyen Snøvik kjent ikke bare for sine vakre juler, men for julen da en gutt ved navn Olaf og et ensomt troll lærte at den sanne magien i sesongen ligger i gleden ved å gi og dele med andre.

Olaf and the Troll Who Stole Christmas

In the little village of Snøvik, nestled deep in the snowy mountains of Norway, Christmas was the most magical time of the year. The villagers would decorate their homes with twinkling lights, bake gingerbread cookies shaped like reindeer, and gather around the giant Christmas tree in the town square. But no one loved Christmas more than a boy named Olaf.

Olaf was eight years old, with rosy cheeks, a woolly hat that was always too big for his head, and a heart full of Christmas cheer. He lived with his parents in a cozy log cabin at the edge of the village, where they would spend the cold winter nights sipping hot chocolate by the fire and telling stories about Christmases long ago.

But this year, something strange was happening in Snøvik. As the villagers prepared for the big day, decorations started to disappear. First, it was a string of lights from Mrs. Andersson's window. Then, it was the star from the top of the Christmas tree. Even the gingerbread cookies left out on doorsteps vanished, leaving only a few crumbs behind. The villagers were baffled, and soon whispers of a Christmas thief spread through the town.

Olaf, who loved a good mystery almost as much as he loved Christmas, decided to solve the case. Armed with a magnifying glass (which he had borrowed from his dad's toolbox) and a notepad, Olaf set off to investigate.

He started with Mrs. Andersson's house, where the missing lights had first been noticed. Olaf peered through the snow, looking for clues. And there it was—a trail of tiny footprints leading away from the window and into the forest.

Olaf's heart raced. "Aha!" he whispered to himself. "The thief must be hiding in the woods."

Without a moment's hesitation, Olaf followed the footprints, which wound through the trees and up the mountain. The forest was thick and dark, but Olaf's excitement kept him warm as he trudged through the snow. He knew the forest well, having spent many days playing among the trees and pretending to be an explorer.

As he climbed higher, the footprints grew larger and deeper. They weren't human footprints at all—they were something much bigger. Olaf gulped. Could it be a troll?

The villagers of Snøvik often told stories about trolls who lived in the mountains, creatures with big, round noses and a love for mischief. But Olaf had never seen one himself. Still, he pressed on, determined to catch the thief and save Christmas.

The footprints led Olaf to a large, moss-covered cave. Inside, he could see a faint glow, like the twinkle of Christmas lights. He took a deep breath and tiptoed into the cave.

What Olaf saw next made his jaw drop. Inside the cave, surrounded by piles of Christmas decorations, was the biggest troll he had ever imagined. The troll was nearly twice the size of a grown man, with shaggy hair, a bulbous nose, and a pair of eyes that glowed like embers. But what surprised Olaf the most was that the troll wasn't just hoarding the decorations—he was trying to celebrate Christmas!

The troll had strung the stolen lights around the cave, though they were all tangled and flickering. He had piled up the stolen gingerbread cookies on a rock, though they were crumbled and squished. And he had stuck the star from the village tree on top of a pinecone, where it wobbled precariously.

The troll turned and spotted Olaf. He let out a deep, grumbly sigh. "I just wanted to have a Christmas of my own," the troll said in a voice that rumbled like distant thunder. "But I'm no good at it. Everything keeps falling apart."

Olaf's fear melted away as he realized the troll wasn't mean or greedy—he was lonely. The troll had heard the villagers singing and laughing at Christmas and wanted to join in, but he didn't know how.

Olaf smiled and stepped forward. "I can help you," he said. "We can have Christmas together."

The troll's eyes widened in surprise. "You would do that? Even after I took all your things?"

Olaf nodded. "Christmas is about sharing and being with friends. If you give back what you took, we can make Christmas for everyone—even you."

With Olaf's help, the troll carefully gathered up the decorations, the cookies, and the star. Together, they carried everything back down the mountain to the village.

The villagers were astonished to see Olaf returning with the troll, but when they heard the story, their fear turned to understanding. They welcomed the troll into the village, where everyone worked together to put Christmas back in order.

The lights were untangled and strung up again, brighter than ever. The star was placed back on top of the giant tree, where it gleamed proudly. And the troll, who had never tasted gingerbread before, found himself with a belly full of cookies and a heart full of warmth.

That Christmas Eve, as the villagers gathered around the tree to sing carols, the troll stood beside Olaf, his eyes shining with happiness. For the first time, the troll felt like he belonged.

From that day on, the troll became a friend to everyone in Snøvik. And every Christmas, he would help Olaf and the villagers decorate the tree, bake cookies, and celebrate the most magical time of the year.

And so, the little village of Snøvik became known not just for its beautiful Christmases, but for the Christmas when a boy named Olaf and a lonely troll learned that the true magic of the season lies in the joy of giving and sharing with others.

Astrid og Isbjørnens Hemmelighet

I en sjarmerende norsk landsby kalt Frostvik, hvor fjellene kysset himmelen og elvene glitret som diamanter, bodde en livlig jente ved navn Astrid. Med sine klare blå øyne og vilt blondt hår som aldri så ut til å holde seg på plass, var Astrid alltid klar for et eventyr. Hun bodde sammen med sin bestefar, en pensjonert fisker, i en koselig rød hytte med utsikt over fjorden.

Frostvik var et vakkert sted, spesielt om vinteren når snøen dekket alt som et mykt, hvitt teppe. Men denne vinteren skulle noe ekstraordinært skje, noe som ville forandre Astrids liv for alltid.

Det hele begynte en klar og kald morgen da Astrid bestemte seg for å dra isfiske med bestefaren sin. Hun pakket seg inn i sin varmeste frakk, tok på seg vottene, og la ut over den fryste fjorden sammen med bestefaren, som bar en stor tre slede lastet med fiskeutstyr.

Mens de gikk, la Astrid merke til noe uvanlig. Langt i det fjerne, nær kanten av skogen, så hun en massiv hvit skikkelse som beveget seg sakte gjennom snøen. Det var en isbjørn, men ikke en hvilken som helst isbjørn. Denne hadde et lite, rødt skjerf rundt halsen!

"Bestefar, se!" utbrøt Astrid, og pekte på bjørnen. "Bruker isbjørner vanligvis skjerf?"

Bestefaren lo, og kikket ut i det fjerne. "Ikke som jeg har sett, Astrid. Men den bjørnen ser ikke ut som de andre. La oss holde oss på avstand og se hva den gjør."

Nysgjerrigheten boblet inni henne, og Astrid fulgte bestefaren til fiskeplassen, men hun kunne ikke slutte å tenke på bjørnen. Mens bestefaren boret et hull i isen og satte opp fiskeutstyret deres, kastet Astrid stadig blikk tilbake på bjørnen, som nå satt på en snøhaug og så ut mot fjorden.

Etter hvert som dagen gikk og fisken nektet å bite, tok nysgjerrigheten overhånd. "Bestefar," sa hun, "kan jeg gå litt nærmere for å se på bjørnen? Jeg skal være forsiktig."

Bestefaren nølte, men han kjente Astrid godt nok til å forstå at når hun hadde fått en idé i hodet, var det ingen å stoppe henne. "Greit," sa han, "men ikke gå for nært, og rop på meg hvis noe skjer."

Astrid nikket ivrig og begynte å bevege seg over isen mot bjørnen. Da hun kom nærmere, la hun merke til at bjørnen ikke bare hadde på seg et skjerf—han holdt noe i sine store, pelsete poter. Det så ut som et stykke papir.

Bjørnen snudde seg og så Astrid nærme seg. I stedet for å løpe bort, vinket han til henne med sin massive pote. Astrid ble så overrasket at hun nesten skled på isen.

"Hei der," sa bjørnen med en dyp, mild stemme som rullet som fjern torden. "Du må være Astrid."

Astrids øyne ble store av sjokk. "Du kan snakke!"

Bjørnen nikket alvorlig. "Det kan jeg faktisk. Mitt navn er Bjørn, og jeg har ventet på noen som deg."

Astrid tok et skritt nærmere, frykten hennes smeltet bort. "Hvorfor ventet du på meg?"

Bjørn seilte og rakte ut papiret. "Dette er et kart. Et veldig spesielt kart som leder til en hemmelighet skjult dypt inne i fjellene. Men jeg kan ikke gå alene. Jeg trenger en modig venn til å hjelpe meg."

Astrids hjerte hoppet over et slag. "En hemmelighet? Hvilken slags hemmelighet?"

"Den slags som bare kan oppdages av de med et snilt hjerte og en modig ånd," sa Bjørn med et glimt i øyet. "Vil du hjelpe meg, Astrid?"

Uten å nøle nikket Astrid. "Selvfølgelig! Men vi bør fortelle bestefaren min først. Han vil vite hvor vi skal."

Bjørn nikket, og sammen gikk de tilbake til der Astrids bestefar satt. Da Astrid forklarte situasjonen, så bestefaren på Bjørn med en blanding av beundring og bekymring.

"En snakkende bjørn og et mystisk kart," sa han, og klødde seg i skjegget. "Det høres ut som et eventyr, ja. Men dere må være forsiktige. Fjellene kan være farlige om vinteren."

Astrid klemte bestefaren sin tett. "Ikke bekymre deg, bestefar. Jeg skal være trygg med Bjørn."

Med bestefarens velsignelse la Astrid og Bjørn ut mot fjellene. Reisen var lang og vanskelig, med bratte skråninger og dype snødrifter, men Bjørns styrke og Astrids besluttsomhet holdt dem gående.

Etter hvert som de klatret høyere, ble været kaldere, og vinden ulte som en ulveflokk. Men Bjørn ledet an, og fulgte kartet med presisjon som om han hadde gjort dette før.

Til slutt, etter timer med trudging gjennom snøen, kom de til en skjult dal mellom to tårnhøye topper. I sentrum av dalen sto en massiv isskulptur, hogd i formen av en isbjørn, akkurat som Bjørn.

"Dette er det," sa Bjørn, stemmen hans fylt med ærbødighet. "Hemmeligheten til isbjørnene."

Astrid stirret på skulpturen i undring. "Hva betyr det?"

Bjørn la forsiktig poten sin på isskulpturen, og plutselig begynte bakken under dem å gløde med et mykt blått lys. Isskulpturen skinte, og begynte så å smelte, og avslørte en krystallklar vannkilde.

"Dette vannet er kilden til vår styrke og visdom," forklarte Bjørn. "Det er det som lar isbjørnene i denne dalen snakke og tenke som mennesker. Men det er også skjør. Verden endrer seg, og magien i dette stedet forsvinner. Det er derfor jeg trengte deg, Astrid. Bare noen med et rent hjerte kan hjelpe til med å beskytte denne hemmeligheten."

Astrid så opp på Bjørn, tankene hennes raste. "Men hvordan kan jeg hjelpe?"

Bjørn smilte varmt. "Ved å dele denne historien med andre. Ved å minne folk på å beskytte verden rundt dem, å verne om naturens magi, og å være snille mot alle levende ting."

Astrid nikket, og forsto viktigheten av oppgaven sin. "Jeg lover, Bjørn. Jeg skal fortelle alle."

Med hemmeligheten avslørt, vendte Astrid og Bjørn tilbake til landsbyen, hvor bestefaren hennes ventet bekymret. Hun fortalte ham alt, og sammen delte de historien med landsbyboerne. Snart spredte eventyret om Astrid og isbjørnens hemmelighet seg vidt og bredt, og ble en legende i Norge og utover.

Og hver vinter, når snøen dekket landet og nettene ble lange, besøkte Astrid den skjulte dalen, hvor hun og Bjørn ville sitte ved den glødende kilden og huske eventyret som brakte dem sammen.

Fra den dagen av sørget folkene i Frostvik for å beskytte landet og skapningene som bodde der, vel vitende om at den sanne magien i verden er noe vi alle må ta vare på.

Astrid and the Polar Bear's Secret

In a quaint Norwegian village called Frostvik, where the mountains kissed the sky and the rivers sparkled like diamonds, lived a spirited girl named Astrid. With her bright blue eyes and wild blonde hair that never seemed to stay in place, Astrid was always ready for an adventure. She lived with her grandfather, a retired fisherman, in a cozy red cottage overlooking the fjord.

Frostvik was a place of beauty, especially in winter when the snow covered everything like a soft, white blanket. But this winter, something extraordinary was about to happen, something that would change Astrid's life forever.

It all began on a crisp, clear morning when Astrid decided to go ice fishing with her grandfather. She bundled up in her warmest coat, pulled on her mittens, and set off across the frozen fjord with her grandfather, who carried a big wooden sled loaded with fishing gear.

As they walked, Astrid noticed something unusual. Far in the distance, near the edge of the forest, she saw a massive white shape moving slowly through the snow. It was a polar bear, but not just any polar bear. This one was wearing a small, red scarf around its neck!

"Grandpa, look!" Astrid exclaimed, pointing at the bear. "Do polar bears usually wear scarves?"

Her grandfather chuckled, squinting into the distance. "Not that I've ever seen, Astrid. But that bear doesn't seem like the others. Let's keep our distance and see what it does."

Curiosity bubbling inside her, Astrid followed her grandfather to the fishing spot, but she couldn't stop thinking about the bear. While her grandfather drilled a hole in the ice and set up their fishing rods, Astrid kept glancing back at the bear, which was now sitting on a snowbank, staring out at the fjord.

As the day went on and the fish refused to bite, Astrid's curiosity got the better of her. "Grandpa," she said, "can I go a little closer to see the bear? I'll be careful."

Her grandfather hesitated, but he knew Astrid well enough to understand that once she had an idea in her head, there was no stopping her. "All right," he said, "but don't go too close, and call for me if anything happens."

Astrid nodded eagerly and began to make her way across the ice toward the bear. As she got closer, she noticed that the bear was not just wearing a scarf—he was holding something in his large, furry paws. It looked like a piece of paper.

The bear turned and saw Astrid approaching. Instead of running away, he waved at her with his massive paw. Astrid was so surprised that she nearly slipped on the ice.

"Hello there," the bear said in a deep, gentle voice that rumbled like distant thunder. "You must be Astrid."

Astrid's eyes widened in shock. "You can talk!"

The bear nodded solemnly. "Indeed I can. My name is Bjorn, and I've been waiting for someone like you."

Astrid took a step closer, her fear melting away. "Why were you waiting for me?"

Bjorn sighed and held out the piece of paper. "This is a map. A very special map that leads to a secret hidden deep in the mountains. But I cannot go alone. I need a brave friend to help me."

Astrid's heart skipped a beat. "A secret? What kind of secret?"

"The kind that can only be discovered by those with a kind heart and a courageous spirit," Bjorn said with a twinkle in his eye. "Will you help me, Astrid?"

Without a second thought, Astrid nodded. "Of course! But we should tell my grandpa first. He'll want to know where we're going."

Bjorn agreed, and together they walked back to where Astrid's grandfather was sitting. When Astrid explained the situation, her grandfather looked at Bjorn with a mixture of awe and concern.

"A talking bear and a mysterious map," he said, stroking his beard. "It sounds like an adventure all right. But you'll need to be careful. The mountains can be treacherous in winter."

Astrid hugged her grandfather tightly. "Don't worry, Grandpa. I'll be safe with Bjorn."

With her grandfather's blessing, Astrid and Bjorn set off toward the mountains. The journey was long and difficult, with steep slopes and deep snowdrifts, but Bjorn's strength and Astrid's determination kept them going.

As they climbed higher, the weather grew colder, and the wind howled like a pack of wolves. But Bjorn led the way, following the map with the precision of someone who had done this before.

Finally, after hours of trudging through the snow, they reached a hidden valley nestled between two towering peaks. In the center of the valley stood a massive ice sculpture, carved in the shape of a polar bear, just like Bjorn.

"This is it," Bjorn said, his voice filled with reverence. "The secret of the polar bears."

Astrid stared at the sculpture in wonder. "What does it mean?"

Bjorn gently placed his paw on the ice sculpture, and suddenly, the ground beneath them began to glow with a soft blue light. The ice sculpture shimmered and then began to melt, revealing a crystal-clear pool of water.

"This water is the source of our strength and wisdom," Bjorn explained. "It's what allows the polar bears of this valley to speak and think like humans. But it is also fragile. The world is changing, and the magic of this place is fading. That's why I needed you, Astrid. Only someone with a pure heart can help protect this secret."

Astrid looked up at Bjorn, her mind racing. "But how can I help?"

Bjorn smiled warmly. "By sharing this story with others. By reminding people to protect the world around them, to cherish the magic of nature, and to be kind to all living things."

Astrid nodded, understanding the importance of her task. "I promise, Bjorn. I'll tell everyone."

With the secret revealed, Astrid and Bjorn returned to the village, where her grandfather was waiting anxiously. She told him everything, and together, they shared the story with the villagers. Soon, the tale of Astrid and the polar bear's secret spread far and wide, becoming a legend in Norway and beyond.

And every winter, when the snow covered the land and the nights grew long, Astrid would visit the hidden valley, where she and Bjorn would sit by the glowing pool and remember the adventure that brought them together.

From that day on, the people of Frostvik made sure to protect the land and the creatures that lived there, knowing that the true magic of the world is something we all must care for.

Den Utrolige Eventyret til Magnus Elgen

I den pittoreske landsbyen Glimmerfjord, omringet av tårnhøye fjell og glitrende innsjøer, bodde det en elg ved navn Magnus. I motsetning til de andre elgene, som var store og sterke, var Magnus litt av en outsider. Han hadde et enormt hjerte, en forkjærlighet for klare røde sokker, og et særegent talent for å synge opera!

Magnus tilbrakte dagene sine med å vandre i de frodige, grønne skogene, drømte om eventyr og berømmelse. Han sto på bredden av fjorden og sang arier, mens fuglene og ekornene samlet seg for å lytte. Landsbyboerne, derimot, syntes han var litt rar. "Hvorfor skulle en elg ville synge?" fniste de. "Elger burde være i skogen, ikke på scenen!"

Men Magnus lot seg ikke stoppe av det. Han hadde en drøm, og den drømmen var å opptre i den store Frostvik Vinterfestivalen, hvor dyr og landsbyboere viste frem talentene sine hvert år. Denne festivalen var kjent for sine spektakulære opptredener, og Magnus lengtet etter å være en del av det.

En kjølig morgen, da de første snøfnuggene begynte å falle, bestemte Magnus seg for at det var på tide å gjøre drømmen sin til virkelighet. Han samlet motet sitt, tok på seg sine favoritt røde sokker, og satte kursen mot Frostvik, en naboby berømt for sin fortryllende festival.

På veien møtte Magnus en smart liten rev ved navn Freya. Med sin bustete hale og lyse øyne så hun ut som hun kunne hjelpe ham. "Hvor skal du, Magnus?" spurte hun, mens hun sniffet nysgjerrig i luften.

"Jeg skal synge på Frostvik Vinterfestival!" erklærte han stolt.

Freya's øyne glitret av rampestreker. "Du? En elg? Synge? Åh, dette må jeg se! Jeg vil komme med deg!"

Magnus strålte av begeistring. "Virkelig? Vil du hjelpe meg?"

"Selvfølgelig!" svarte Freya, mens hun hoppet på labbene sine. "Men vi trenger en plan for å imponere landsbyboerne. Hva med å samle noen venner til å bli med oss?"

Og slik satte de av gårde for å samle det mest ekstraordinære ensemblet av skogsdyr. De fant Benny bjørn, som hadde en dyp stemme; Lila kanin, som kunne danse beste tapdans; og Gregory den kloke gamle ugle, som ville lede deres forestilling.

Etter flere dager med øving var gruppen klar. De øvde på numrene sine om og om igjen, og Magnus perfeksjonerte sin operaarie. Endelig kom dagen for festivalen, og landsbyen Frostvik var full av forventning.

Da solen gikk ned og stjernene begynte å glitre på himmelen, begynte festivalen. Dyr og landsbyboere fylte torget, hvor en praktfull scene var satt opp, funklet med eventyrlige lys. Magnus' hjerte raste av forventning.

Da det var deres tur til å opptre, sto Magnus og vennene hans bak scenen og kikket ut på publikum. "Hva hvis de ler av meg?" hvisket Magnus, stemmen hans skalv.

Freya dulte forsiktig til ham. "Bare husk, Magnus, dette er drømmen din! Syng fra hjertet ditt, så vil publikum elske det!"

Med det tok Magnus et dypt pust og trådte ut på scenen. Publikum ble stille, med store øyne av nysgjerrighet. Magnus fikk øye på landsbyboerne, noen med munnen åpen og andre med skeptiske blikk. Men han kunne ikke snu nå.

Med en bestemt holdning åpnet han munnen og begynte å synge. Stemmen hans klang klar og kraftfull, og ekkoet rullet gjennom landsbyen. Landsbyboerne gispet, og snart var de fengslet av elgen som sang som en ekte operastjerne. Skogsdyr la til sine numre, hvert mer herlig enn det forrige.

Benny sang et rørende refreng, Lila danset tapdans med smittsom energi, og Gregory viftet majestetisk med vingene, og holdt alle i takt. Publikum brøt ut i applaus og heiet på den uventede forestillingen.

Etter hvert som showet fortsatte, følte Magnus gleden ved å opptre fylle hjertet hans. Landsbyboerne begynte å heie på ham, og ropte: "Bravo, Magnus! Bravo!" Deres latter gikk fra å være hånlig til beundrende. Magnus var ikke lenger bare en elg i røde sokker; han var en stjerne!

Da forestillingen var over, brøt publikum ut i applaus. Magnus bøyde seg dypt, hjertet hans svulmet av lykke. Landsbyboerne strømmet til for å gratulere ham, og løftet ham høyt opp i luften.

"Du var utrolig!" utbrøt de. "Vi visste aldri at en elg kunne synge slik!"

Fra den dagen av ble Magnus Elgen en elsket skikkelse i både Glimmerfjord og Frostvik. Festivalarrangørene inviterte ham tilbake hvert år, og han opptrådte aldri uten sine trofaste venner ved sin side.

Og når det gjaldt landsbyboerne? De lærte en viktig leksjon: det handler ikke om å passe inn; det handler om å være tro mot seg selv og følge drømmene sine, uansett hvor forskjellige de måtte se ut.

Når det gjelder Magnus, fortsatte han å synge, med operasang som ekkoet gjennom fjellene, og beviste at hvem som helst kan skinne, selv en elg i røde sokker.

The Incredible Adventure of Magnus the Moose

In the picturesque village of Glimmerfjord, surrounded by towering mountains and glistening lakes, lived a moose named Magnus. Unlike the other moose, who were big and strong, Magnus was a bit of a misfit. He had an enormous heart, a fondness for bright red socks, and a peculiar talent for singing opera!

Magnus spent his days roaming the lush green forests, dreaming of adventure and fame. He would stand on the banks of the fjord, belting out arias, while the birds and squirrels gathered to listen. The villagers, however, thought he was a bit odd. "Why would a moose want to sing?" they chuckled. "Moose should be in the woods, not on the stage!"

But Magnus didn't let that stop him. He had a dream, and that dream was to perform in the grand Frostvik Winter Festival, where animals and villagers showcased their talents every year. This festival was known for its spectacular performances, and Magnus longed to be part of it.

One chilly morning, as the first snowflakes began to fall, Magnus decided it was time to make his dream come true. He gathered his courage, put on his favorite red socks, and set off for Frostvik, a neighboring village famous for its enchanting festival.

On his way, Magnus encountered a clever little fox named Freya. With her bushy tail and bright eyes, she looked like she could help him. "Where are you off to, Magnus?" she asked, sniffing the air curiously.

"I'm going to sing at the Frostvik Winter Festival!" he declared proudly.

Freya's eyes sparkled with mischief. "You? A moose? Singing? Oh, this I have to see! I'll come with you!"

Magnus beamed with excitement. "Really? You'll help me?"

"Of course!" Freya replied, bouncing on her paws. "But we'll need a plan to impress the villagers. How about we gather some friends to join us?"

And so, they set off to gather the most extraordinary ensemble of forest animals. They found Benny the bear, who had a booming voice; Lila the rabbit, who could do the best tap dance; and Gregory the wise old owl, who would conduct their performance.

After several days of rehearsals, the group was ready. They practiced their acts over and over, and Magnus perfected his operatic aria. Finally, the day of the festival arrived, and the village of Frostvik was alive with excitement.

As the sun set and the stars began to twinkle in the sky, the festival commenced. Animals and villagers filled the square, where a magnificent stage was set up, twinkling with fairy lights. Magnus's heart raced with anticipation.

When it was their turn to perform, Magnus and his friends stood backstage, peeking out at the crowd. "What if they laugh at me?" Magnus whispered, his voice trembling.

Freya nudged him gently. "Just remember, Magnus, this is your dream! Sing from your heart, and the audience will love it!"

With that, Magnus took a deep breath and stepped onto the stage. The crowd fell silent, their eyes wide with curiosity. Magnus spotted the villagers, some with their mouths agape and others with skeptical looks. But he couldn't turn back now.

With a determined stance, he opened his mouth and began to sing. His voice rang out clear and powerful, echoing through the village. The villagers gasped, and soon, they were captivated by the moose who sang like a true opera star. The forest animals joined in with their acts, each one more delightful than the last.

Benny sang a rousing chorus, Lila tap danced with infectious energy, and Gregory waved his wings majestically, keeping everyone in time. The audience erupted into applause, cheering for their unexpected performance.

As the show went on, Magnus felt the joy of performing fill his heart. The villagers began to cheer him on, shouting, "Bravo, Magnus! Bravo!" Their laughter turned from mocking to admiration. Magnus was no longer just a moose in red socks; he was a star!

When the performance ended, the crowd roared with applause. Magnus bowed deeply, his heart soaring with happiness. The villagers rushed to congratulate him, lifting him high into the air.

"You were incredible!" they exclaimed. "We never knew a moose could sing like that!"

From that day forward, Magnus the Moose became a beloved figure in both Glimmerfjord and Frostvik. The festival organizers invited him back every year, and he never performed without his trusty friends by his side.

And as for the villagers? They learned an important lesson: it's not about fitting in; it's about being true to yourself and following your dreams, no matter how different they may seem.

As for Magnus, he continued to sing, his opera echoing through the mountains, proving that anyone can shine, even a moose in red socks.

Ingrid og Tormund

I den lille landsbyen Nystad, som ligger mellom glitrende fjorder og høye fjell, bodde det en livlig jente ved navn Ingrid. Med sine ville rødbrune krøller og et hjerte fullt av eventyr, tilbrakte hun dagene sine med å utforske skogene og leke ved de sprudlende elvene.

Ingrid elsket historier, spesielt fortellingene om troll som bestemoren hennes fortalte. "De er ikke alle slemme, vet du," sa bestemoren med et glimt i øyet. "Noen troll kan være ganske vennlige. Men husk, aldri vandre for langt hjemmefra etter mørkets frembrudd, ellers kan du møte et troll som er litt... rampete!"

En lys morgen, da solen tittet over fjellene, bestemte Ingrid seg for å dra dypere inn i skogen enn noen gang før. "I dag er dagen jeg finner et troll!" erklærte hun, tok på seg den varmeste jakken sin og stappet noen smørbrød i sekken sin.

Mens hun vandret gjennom trærne, sang Ingrid sine favorittsanger, stemmen hennes ringte ut som en klokke. Fuglene kvitrede med, og selv ekornene stoppet opp for å lytte. Men da solen steg høyere, la hun merke til noe merkelig—en sti av glitrende steiner som funklet i sollyset og ledet videre inn i skogen.

"Wow! Hva er dette?" utbrøt Ingrid, nysgjerrigheten vekket. Uten å tenke seg om fulgte hun stien, hvert skritt fylt med spenning.

Stien førte henne til en skjult lysning der trærne åpnet seg for å avsløre et fantastisk syn: en majestetisk foss som strømmet ned i en krystallklar dam. Sittende på en stein ved vannet var et stort troll med lys grønn hud, et bustete skjegg og et stort, tannfyllt smil.

"Velkommen, lille jente!" brummet trollet, stemmen hans dyp og vennlig. "Jeg er Tormund. Hva bringer deg til mitt hjem?"

Ingrids øyne utvidet seg i beundring. "Jeg—jeg er Ingrid! Jeg fulgte de glitrende steinene. Jeg har alltid ønsket å møte et troll!"

Tormund lo, latteren hans ekkoet som torden. "Vel, du har funnet ett! De fleste mennesker løper bort og skriker, men du er ganske modig! Vil du bli med meg på en piknik?"

Ingrid kunne knapt tro ørene sine. "En piknik med et troll? Ja, takk!"

Mens de satt ved fossen, delte Tormund sine trollstore smørbrød, som var fylt med alle slags uvanlige ingredienser—sylte sild, molter, og noe som så mistenkelig ut som mose. Ingrid, som var eventyrlysten, bestemte seg for å prøve alt. Til sin overraskelse var det deilig!

"Jeg har alltid ønsket å vite mer om troll," sa Ingrid mellom bitene. "Hva gjør du hele dagen?"

Tormunds øyne funklet av rampete. "Å, mange ting! Jeg vokter skogen, hjelper tapte dyr, og spiller av og til spøker med intetanende reisende! Bare forrige uke forvandlet jeg en gruppe picnikeres smørbrød til frosker! De ble ganske overrasket!"

Ingrid fniste, og forestilte seg kaoset. "Du er ikke som trollene i historiene! De lager alltid trøbbel!"

"Åh, ja, men historier kan bli overdrevet," sa Tormund med et blunk. "Ikke alle troll er slemme. Vi liker bare å ha litt moro!"

Etter pikniken foreslo Tormund at de skulle spille en runde med gjemsel. "Jeg er ganske god til å gjemme meg!" skrytte han.

"Okay, men du må telle til tjue!" svarte Ingrid, dekket øynene sine og lo.

Mens Tormund telte, sprintet Ingrid bak et tre, hjertet hennes raste av spenning. Hun kikket ut og så ham lete høyt og lavt, de enorme føttene hans trampe gjennom bladene.

Men så hørte hun noe rart—en høy rumlelyd som ekkoet gjennom trærne. Den ble høyere og nærmere. Ingrids hjerte raste. "Tormund! Hva er den lyden?"

Tormund stoppet å telle og så seg rundt, det vennlige smilet hans bleknet. "Det høres ut som trøbbel! Vi må gjemme oss!"

Ingrid og Tormund dukket raskt bak en stor stein idet en gruppe tømmerhoggere kom inn i lysningen, snakkende og latterfull. De hadde kommet for å hugge ned trær til ved, uvitende om den magiske verdenen rundt dem.

Tormunds øyne utvidet seg av bekymring. "Hvis de hugger ned trærne, vil de forstyrre skapningene og magien i skogen! Vi må gjøre noe!"

Ingrid nikket, tankene raste. "Hva om vi distraherer dem?"

"God idé!" Tormund smilte. "Men hvordan?"

Ingrid tenkte et øyeblikk og hvisket deretter planen sin. Tormund nikket, klar til å hjelpe.

Da tømmerhoggerne begynte å jobbe, brukte Tormund trollmagien sin til å lage en høy, rumlende lyd fra motsatt side av lysningen. "Rumle tumle!" sang han, og ristet bakken under dem.

Tømmerhoggerne snudde seg, forskrekket. "Hva var det?" utbrøt en av dem og så seg nervøst rundt.

Ingrid grep muligheten. "Kanskje det er en bjørn!" ropte hun, øynene hennes vidåpne av spenning. "Vi bør gå sjekke det ut!"

Tømmerhoggerne, som så redde ut, samlet raskt tingene sine. "Du har rett! La oss komme oss bort herfra!" Og med det løp de bort fra lysningen, etterlot seg verktøyene sine.

Så snart de var borte, brøt Tormund og Ingrid ut i latter. "Vi gjorde det! Vi reddet skogen!" utbrøt Ingrid og hoppet opp og ned.

Tormund smilte, det grønne ansiktet hans lyste opp. "Du er ganske smart, Ingrid! Du er den første menneske som noen gang har hjulpet et troll!"

Da tømmerhoggerne var borte, tok Tormund med Ingrid på en omvisning av skogens skjulte underverker. De danset med ildfluer, sang sanger med fuglene, og til og med ble venner med skogsdyr.

Da solen begynte å gå ned og malte himmelen i rosa og oransje nyanser, visste Ingrid at det var på tide å dra hjem. "Takk for den beste dagen noensinne, Tormund!" sa hun og klemte trollet tett. "Jeg skal fortelle alle hvor fantastiske troll kan være!"

Tormund smilte varmt. "Og jeg vil være her og vente på ditt neste besøk. Husk, lille venn, verden er full av magi. Bare se etter de glitrende steinene!"

Med et hjerte fullt av glede og et hode fullt av historier, begynte Ingrid å gå hjem, og lovte å komme tilbake til vennene sine i den fortryllede skogen. Og fra den dagen lærte innbyggerne i Nystad å omfavne fortellingene om troll, vel vitende om at noen ganger kommer de beste vennskapene i de mest uventede former.

Ingrid and Tormund

In the little village of Nystad, nestled between shimmering fjords and towering mountains, lived a spirited girl named Ingrid. With her wild auburn curls and a heart full of adventure, she spent her days exploring the forests and playing by the sparkling rivers.

Ingrid loved stories, especially the tales of trolls her grandmother told her. "They're not all bad, you know," her grandmother would say with a twinkle in her eye. "Some trolls can be quite friendly. But remember, never wander too far from home after dark, or you might meet a troll who's a bit... mischievous!"

Once bright morning, as the sun peeked over the mountains, Ingrid decided to venture deeper into the woods than ever before. "Today is the day I find a troll!" she declared, pulling on her warmest coat and stuffing a few sandwiches into her backpack.

As she wandered through the trees, Ingrid sang her favorite songs, her voice ringing out like a bell. The birds chirped along, and even the squirrels paused to listen. But as the sun climbed higher, she noticed something peculiar—a trail of glittering stones that sparkled in the sunlight, leading further into the forest.

"Wow! What's this?" Ingrid exclaimed, her curiosity piqued. Without a second thought, she followed the trail, each step filled with excitement.

The trail led her to a hidden glade where the trees parted to reveal a stunning sight: a magnificent waterfall cascading into a crystal-clear pool. Sitting on a rock by the water was a large troll with bright green skin, a shaggy beard, and a big, toothy grin.

"Welcome, little girl!" boomed the troll, his voice deep and friendly. "I'm Tormund. What brings you to my home?"

Ingrid's eyes widened in awe. "I—I'm Ingrid! I was following the sparkling stones. I've always wanted to meet a troll!"

Tormund chuckled, his laughter echoing like thunder. "Well, you've found one! Most humans run away screaming, but you're quite brave! Would you like to join me for a picnic?"

Ingrid could hardly believe her ears. "A picnic with a troll? Yes, please!"

As they sat by the waterfall, Tormund shared his troll-sized sandwiches, which were filled with all sorts of unusual ingredients—pickled herring, cloudberries, and something that looked suspiciously like moss. Ingrid, being adventurous, decided to try it all. To her surprise, it was delicious!

"I've always wanted to know more about trolls," Ingrid said between bites. "What do you do all day?"

Tormund's eyes sparkled with mischief. "Oh, many things! I guard the forest, help lost animals, and occasionally play pranks on unwary travelers! Just last week, I turned a group of picnickers' sandwiches into frogs! They were quite surprised!"

Ingrid giggled, imagining the chaos. "You're not like the trolls in the stories! They're always causing trouble!"

"Ah, yes, but stories can be exaggerated," Tormund said with a wink. "Not all trolls are mean. We just like to have a bit of fun!"

After their picnic, Tormund suggested they play a game of hide-and-seek. "I'm quite good at hiding!" he boasted.

"Okay, but you have to count to twenty!" Ingrid replied, covering her eyes and giggling.

As Tormund counted, Ingrid dashed behind a tree, her heart racing with excitement. She peeked out, watching as he searched high and low, his enormous feet stomping through the leaves.

But then, she heard something strange—a loud rumbling sound that echoed through the trees. It grew louder and closer. Ingrid's heart raced. "Tormund! What's that noise?"

Tormund stopped counting and looked around, his friendly smile fading. "That sounds like trouble! We should hide!"

Ingrid and Tormund quickly ducked behind a large boulder just as a group of lumberjacks entered the glade, chatting and laughing. They had come to chop down trees for firewood, unaware of the magical world around them.

Tormund's eyes widened with concern. "If they cut down the trees, they'll disturb the creatures and the magic of the forest! We have to do something!"

Ingrid nodded, her mind racing. "What if we distract them?"

"Good idea!" Tormund grinned. "But how?"

Ingrid thought for a moment and then whispered her plan. Tormund nodded, ready to help.

As the lumberjacks got to work, Tormund used his troll magic to create a loud, rumbling sound coming from the opposite side of the glade. "Rumble-tumble!" he chanted, shaking the ground beneath them.

The lumberjacks turned, startled. "What was that?" one of them exclaimed, looking around nervously.

Ingrid seized the moment. "Maybe it's a bear!" she shouted, her eyes wide with excitement. "We should go check it out!"

The lumberjacks, looking scared, quickly gathered their things. "You're right! Let's get out of here!" And with that, they dashed away from the glade, leaving their tools behind.

As soon as they were gone, Tormund and Ingrid burst into laughter. "We did it! We saved the forest!" Ingrid exclaimed, jumping up and down.

Tormund grinned, his green face lighting up. "You're quite clever, Ingrid! You're the first human to ever help a troll!"

With the lumberjacks gone, Tormund took Ingrid on a tour of the hidden wonders of the forest. They danced with the fireflies, sang songs with the birds, and even made friends with the woodland creatures.

As the sun began to set, painting the sky in shades of pink and orange, Ingrid knew it was time to return home. "Thank you for the best day ever, Tormund!" she said, hugging the troll tightly. "I'll tell everyone how amazing trolls can be!"

Tormund smiled warmly. "And I'll be here, waiting for your next visit. Remember, little one, the world is full of magic. Just look for the sparkling stones!"

With a heart full of joy and a head full of stories, Ingrid made her way home, vowing to return to her troll friend in the enchanted forest. And from that day on, the villagers of Nystad learned to embrace the tales of trolls, knowing that sometimes, the best friendships come in the most unexpected forms.